파도의 사랑법

파도의 사랑법

원창희 시조집

taewon 태원

| 시인의 말 |

시를
벗하여 살아온 세월이 어느새 십 년이 되었습니다.

스무 살 소녀처럼
나뭇잎을 뒤집어 햇살에 말려도 보고 스치는 바람에 꿈을 실어
보내느라 삶의 한 자락을 아름답게 포장하기도 하고
때론 푸념 섞인 넋두리를 늘어놓으며
북어를 엮어내듯이 줄줄이 꿰어보던 기억이 납니다.

이제 세월의 강에 띄운 인생이란 종이배가
칠십이란 나이테를 그리면서
열심히 살아온 지난날의 이야기로 시조집을 엮어 봅니다.

그동안
내 삶의 궤적에서 든든한 버팀목이 되어 준 남편과 이웃들
그리고 행복한 가정을 이끌어 가는 믿음직한 두 아들 내외와
어린 손주들
시인의 길을 동행해 주신 시울림 회원들과 경기시조,
강원시조 및 노년의 즐거움을 일깨워 준 마장팀 등
모든분께 감사드립니다.

감사합니다.

차 례

1부
해바라기처럼

박꽃 · 15
복수초 · 16
해바라기처럼 · 17
겨울 담쟁이 · 18
설강화처럼 · 19
산수유 · 20
꽃단풍 · 21
안개꽃 다발 · 22
호박꽃 사랑 · 23
담쟁이 · 24
심술쟁이 구름 · 25

2부
어머니의 눈물

큰 사랑 · 29
보호자 · 30
아랫집 눈치 보기 · 31
산다는 건 · 32
어머니의 눈물 · 33
불청객 · 34
달빛 기도 · 35
파도의 사랑법 · 36
치매 노인 · 37
부모 마음 · 38
행복한 하루 · 39

낭만 낚시꾼 · 40
농담 속 행복 · 41
쌍둥이 육아 · 42
몽돌의 한 · 43
남편의 수다 · 44
어른 아이 · 45
세월이 만든 · 46
어판장에서 · 47
그래야 어른이지 · 48
가시는 길 · 49
조가비 노모 · 50

3부
그렇게 크는 거야

힘겨루기 · 53

이래도 되는 거야? · 54

세월이 지났어도 · 55

마지막 춤사위 · 56

분풀이 · 57

그렇게 크는 거야 · 58

세월 · 59

곰삭은 삶 · 60

생채기를 보듬다 · 61

작은 사랑 · 62

사랑놀이 · 63

가마우지 · 64

새벽 3시, 광원리 · 65

가슴 속 상처 · 66

4부
한글로 하나 되기

한글로 하나 되기 · 69

부럽다 · 70

새 삶의 터 · 71

고민 · 72

평온한 한강 변 · 73

감자떡 · 74

이 또한 지나가리라 · 75

빗물 모은 연잎은 · 76

내기 하자 · 77

세상은 참 · 78

가끔은 · 79

쌈 싸 먹듯 · 80

석양 · 81

폭포 · 82

노숙자 · 83

호미곶 광장에서 · 84

탐내지마! 까치밥이야 · 85

거미 흉내 · 86

5부
다람쥐를 닮다

노을 · 89

다람쥐를 닮다 · 90

호수의 속내 · 91

놀래라 · 92

석양 · 93

예봉산 · 94

산수화 · 95

개똥벌레 · 96

서리 · 97

첫눈 오던 날 · 98

젖은 나무같이 · 99

민둥산 억새밭은 · 100

먹이사슬 · 101

6부
아가의 봄날

도토리 머리 · 105

애기똥풀 · 106

아가의 봄날 · 107

선잠 깬 장미 · 108

유홍초 · 109

아가의 봄 · 110

아가의 첫 나들이 · 111

눈 내리는 밤 · 112

하늘 · 113

봄봄봄 · 114

울 아가 · 115

어린 사냥꾼 · 116

1부

해바라기처럼

박꽃

하루의 햇살 받아 까만 밤을 밝히는
그리운 초가지붕 생각나는 그 시절
하얗게 지새운 밤에 피어나는 기다림

밤새껏 달을 먹고 배 불린 꽃자리에
실하게 영근 박을 조롱조롱 매달더니
아기별 징검다리 건너듯 고향 노래 부른다

복수초

게으른 겨울 흔적
떠나기 전이건만
산골짝 아련하게 물소리 들려오니
이끼로 카펫을 삼아
바윗돌 단장하고

방금 깬 아가 같은
해맑은 모습으로
햇살의 기지개에 살포시 고개 들고
살얼음 뚫고 나오는
봄의 요정 복수초

해바라기처럼

빽빽이 모여 자란 꺽다리 해바라기

널따란 이파리들
겹쳐진 곳 없는 공간
어쩌면 한 장의 잎도 부대낌이 없을까

감탄사 연발하며 불현듯 드는 생각

서로들 양보하며
조금만 이해하면
언제나 해바라기로 어우러져 살 텐데

겨울 담쟁이

화려한
장식으로
뽐내던 담쟁이 잎
매몰찬 비바람이
거두어 가고 난 후

소복히 눈이 내린 날 공개된 벽화 보고

지나는
사람마다
놀라운 감탄사들

뼈대만 남았지만
위엄이 느껴지는

속리산 정이품송이 자랑스레 서 있다

설강화처럼

겨울의
끝자락을
대롱대롱 매달고서

잔설에도
강한 희망
새롭게 시작하려
얼음 속 뚫고 피어난 설강화*의 꽃잎처럼

그동안 묶여 있던 마음의 굴레 벗고
노년을 즐기려고 시작한 취미생활
몰랐던 재능을 깨운 내 인생의 즐거움

*설강화: 작은 종 모양의 하얀 꽃

산수유

한겨울 끝점까지
버텨 온 손끝으로

봄날을 전해주려
피워 낸 노란 불꽃

벌 나비 불러 모아서 붉은 열매 매달아

매서운 찬바람이
옷깃을 스치던 날

난롯불 주전자에
보글보글 끓는 소리

'영원한 불멸의 사랑' 꽃말처럼 나누리

꽃단풍

꾸준히 공을 들여
키워낸 잎사귀를
바람과 빗물로 여름 내내 닦더니만
하룻밤 자고 나더니 바꿔 버린 산자락

볕 좋은 여름날에
하루 종일 구워 내고
상큼한 가을빛에 고옵게 단장한 뒤
등산객 "야호!" 소리에 더 붉어진 산자락

안개꽃 다발

속눈썹 가늘게 뜬
어여쁜 새색시가

자욱한 안개 속에
뽀오얀 망사 쓰고

수줍게 모여 앉아서
함초롬히
웃
는
다

호박꽃 사랑

포근한
엄마같이
크고 넓은 품속에

노랗고
달콤하게
꿀 만들어 놓고는

지나는 모든 이에게 넉넉함을 베푸니

나비도 살랑살랑
사뿐히 날아들고
붕붕이 꿀벌들도
온몸에 분칠하고

어느새 꽃자리에는 포동포동 애호박

담쟁이

밤낮을 오르면서
그려 논 그림 한 점

얼마나 오랫동안
더듬은 인생인지

손톱 밑 새까맣도록 깊은 멍이 들었다

비바람 눈보라를
견뎌낸 그 흔적은

세월이 만들어 논
한 폭의 낡은 벽화

한 가정 지키려 애쓴 가장의 모습이다

심술쟁이 구름

새해의
새 각오로
해돋이에 의미 담아

새벽잠
설쳐가며
달려간 동해바다

아득히
보여줄 듯 말듯
애태우는 저 심보

2부
어머니의 눈물

큰 사랑

무엇을 하든지
콩깎지 낀 할머니는

연못에 번져 가는
빗방울 만큼이나

잘했다
셀 수도 없이
동그라미 그린다

보호자

잠자는 아이 깨워
유치원 보낼 때는
좌우를 살피면서 횡단보도 건너라고
날마다
잔소리하며
건네주던 울 엄마

허름한 털 스웨터에
몸빼바지 걸치시고
걸음마 떼 놓듯이 아장아장 걸으시며
다 늙은
아들 손잡고
요양원에 가는 중

아랫집 눈치 보기

설 명절
온 가족이
오랜만에 모인 날

윷놀이
판 벌림에
시끌벅적 즐겁지만

행여나
폐 끼칠세라
소리 없는 환호성만

산다는 건

온몸을 파고드는
칼바람 맞아가며
긴 머리 풀어 헤친 혼절한 몸짓이여
반허리 꺾이면서도 바짝 세운 자존심

푸름을 시샘하듯
휩쓸고 간 모진 바람
고통의 흔적들이 있을거라 보이건만
빳빳이 고개 든 보리 푸르게 웃고 있다

어머니의 눈물

꽃다운 스물아홉
젊디젊은 나이에
삼 남매 홀로 안고 눈물을 삼킨 세월
한숨을 뿌리신 의미 나 어찌 다 알까

자동차 귀한 시절
잰걸음 걸음으로
머리에 이고 지고 이집 저집 기웃대며
고달픈 행상길에다 쏟은 눈물 얼마일까

자식들 배 곯을까
걱정의 밤을 새운
애타는 그 마음을 이제는 알겠는데
아무리 소리쳐봐도
대답 없는

어
머
니

불청객

새하얀 벚꽃들이

흰 눈오듯 내리던 날

시샘하듯 날리는 오월의 버들솜이

어느새

재채기 콧물까지

고통받는 내 남편

달빛 기도

콧등에 스며드는
향긋한 꽃내음도

뽀오얀 안개 속에
아스라이 먼 달빛도

느껴 볼 여유도 없는 낭만의 사치였나

어둠을 비춰주는
달빛에 손 모으고

흐르는 눈물 속에
애타는 마음 담아

밤마다 빌고 또 빌던 어머니의 간절함

파도의 사랑법

수없이 많은 날을 속끓이며 애원해도
모른 척 외면하는 무심한 저 바위
세월이 다 깨지도록 참아내던 아픔을

어르고 달래면서 나누는 사랑 노래
그나마 버텨 주는 저 바위가 없었다면
파도는 누굴 붙잡고 신세 한탄 하려나

치매 노인

황톳길 걷고 걸어
돌계단 오르면서
힘겹게 살아온 날
돌아 보던 인생길에
나무의 가지치기하듯
정리하고 돌아보다

고달픈 이야기랑
행복했던 순간 중에
햇살이 평생 동안 구워 낸 행복들만

노을빛 구름에 얹어

되뇌이고

또 되뇌이는

부모 마음

따스한 양지쪽에 납작이 엎드려서
노랗게 웃고 있는 앉은뱅이 민들레꽃
뜨거운 햇살을 받아 여물어진 꽃자리

부푼 꿈 간직한 채 자라난 은색 갓털*
각자의 희망 품고 숨죽여 기다리다
도전의 기회를 틈타 세상 밖의 홀로서기

살포시 부는 바람 재빨리 잡아타고
각자의 삶을 찾아 길 떠난 자식들을
잘가라 보내 놓고는 눈물짓는 씨앗대

*갓털 : 씨방의 맨 끝에 붙은 솜털 같은 것

행복한 하루

아들네 식구들이
설 명절에 온다 하니

머루 빛 깊은 겨울
분주 떠는 그림자

냉장고 여닫으면서 하루 종일 종종종

갈비뼈 욱신욱신
고통이 찾아와도

까맣게 잊게 되는
경쾌한 도마소리

숨 가쁜 손놀림 따라 콧노래도 저절로

낭만 낚시꾼

고요가 머무르는
숨죽인 호수에서

입질을 기다리다
지쳐버린 눈꺼풀로

성가신
모기만 잡다
올려다 본 하늘엔

어릴 적 생각나는 추억의 별자리들
하나둘 별을 세며 퍼즐을 맞추느라
까아만 밤하늘에서 밤을 새운 낚시꾼

농담 속 행복

내 아이 결혼한 후
태어난 손주 녀석
할머니라 부르는 말 낯설고 어설퍼도
거부도 할 수가 없는 흘러가는 강인걸

뽀얗게 치장하고
나서는 나들이에
막둥이 낳았냐는 농담이 꿀단지 맛
갑자기 손주 덕분에 우쭐해진 두 어깨

쌍둥이 육아

태양 빛 내리쬐어
꽃들도 지치던 날
열 달 동안 곱게 자라 태어난 쌍무지개
달콤한 엄마 목소리 꿀 담았던 행복이

말 배워 드세어진
아가들의 등쌀에

부드럽던 목소리는 엄격한 힘을 싣고

육아의
전쟁놀이로
시작되는 고된 하루

몽돌의 한

온종일 셀 수 없는 파도의 온갖 투정
쏟아낸 불평불만
하염없는 하소연들

그렇게
받아 준 댓가로
사리가 된 몽돌들

남편의 수다

오늘도 어김없이 핸드폰 붙잡고는
친구야 밥 먹었나 오늘은 무얼 했나
어느새 훌쩍 지나간 한 시간의 넋두리

아낙네 수다들을 흉보던 남정네들
범인을 취조하듯 캐묻는 모양새가
여자들 수다보다도 한층 더 높은 수위

어른 아이

세월이 흐른 지금
머리가 희끗희끗
주름진 얼굴에
콧대 세운 눈썹 하나
어릴 적
개구쟁인 것 안 보아도 뻔한걸

점잖을 빼려 해도
장난기는 여전한
손발이 자유로운
개다리춤 저 유연성
칠십을
바라보지만 속마음은 아이인 걸

세월이 만든

홀로 걷는 들길에
말라버린 단풍잎

늘 보던 할머니의
갈퀴손 같더니만

이제는
야속하게도
닮은꼴 된 내 손등

어판장에서

눈 맞은
남정네 따라
시집와서 한평생을

오징어회 썰면서
명태 참치 밸 땄다며

굵어진
손마디 보며
한탄하는 여인네

그래야 어른이지

나이가 들고 나니 아집이 생겨나서
남의 뜻 존중보다 내 뜻만 앞세우네
되돌아 생각해 보면 후회되는 생각뿐

조용히 생각하고 곱씹어 생각하면
서로가 양보할 일 서로가 이해될 일
언제나 역지사지면 화낼 일이 없을 터

가시는 길

눈꺼풀 무거워서 뜨지도 못하시고
무언가 말했지만 허공에 흩어지네
지친 듯 버거우신지 조용히 눈을 감고

또다시 부르는 말 귀에는 들리는 듯
파르르 떨려오는 눈꺼풀 움직임만
남겨둔 아쉬움일랑 우리들의 몫이려니

이제는 가시는 길 모든 걸 내려놓고
고요히 잠드소서 사랑하는 어머니
꽃길만 걸으시구려 감사해요 어머니

조가비 노모

하얀 모래밭에
쌓여 있는 조개껍데기
저마다의 슬픔 담아
모습마저 빼앗기고

그동안 말 못한 사연 무덤 되어 쌓였네

전쟁의 폐허 속에
키워낸 삼남매를
열심히 공부시켜
살길을 열어 준 뒤

치매로 요양원 간 노모의 처절한 모습이다

3부
그렇게 크는 거야

힘겨루기

흐르는 땀방울이 등줄기 파고들 때
얼마나 남았는지 궁금해 고개 드니
저 멀리 능선 끝점에 일칠공팔 대청봉

아! 이제 다왔구나 기쁨의 한숨 쉴 때
구름과 싸움 중인 볼 부은 심술 바람
눈살을 찌푸려가며 힘겨루기 한창이다

한 치의 양보 없이 줄자로 그은 듯이
능선을 중심으로 반으로 갈린 싸움
처음 본 희귀한 광경 놀라움에 와아아!

이래도 되는 거야?

마음속 졸이면서
응원한 8강 탁구
삐약이 함성으로 울리는 파리 하늘
가볍게
끝낼 거라는
기대감에 부푼 때

상대 팀 땀 때문에
옷 갈아입는다고
시간을 끌어가며 끊어 논 경기 흐름
그렇게
많은 시간을
빼앗아도 되는 거야?

세월이 지났어도

삼안 골 계곡에서
첨벙대던 개구쟁이
10년 단위 세월을
여섯 바퀴 반 돌아
경애왕 부럽지 않은
잔 돌리기 하는 중

벗겨진 민머리가
햇살로 반짝여도
기울인 술잔에서
찰랑이는 추억 찾아
까르르 되새김할 때
배꼽 잡는 산울림

마지막 춤사위

볼 부은 건들바람 지나던 길목에
몸 맡긴 단풍잎들 파도 타듯 미끄러지듯
가녀린 손끝에 닿아 내젓는 저 춤사위

살포시 외씨버선 고깔 쓴 여승 마냥
떠나기 싫은 듯 갈까 말까 망설이다
긴 한숨 몰아쉬면서 주저앉은 저 잎새

분풀이

말한 적
건드린 적
아무도 없는데도
괜시리 머릿속이 터질 듯 복잡하다

오늘은 국물도 없다 마음으로 벼르면서

왱강 댕강 설거지로
분을 풀어 보지만
집 안팎 고요하고 하루가 평온한걸

바람은 한결같게도 혼자서만 일었네

그렇게 크는 거야

노오란 향내 풍겨 관심을 끌던 모과
한여름 허물 벗듯
벗어 논 껍질 보니
울 아들 성장통 겪던
그 모습이 떠올라

그렇게 아픔으로 고통을 겪고 나야
한 장의 깻잎만큼
변화된 모습으로
조금씩 세상살이에
젖어 드는 거란다

세월

날마다 들여다 본
거울 속 내 얼굴엔

밭고랑 이랑보다
더 깊은 주름들로

양미간
앙칼지게도
내 천자를 그렸다

곰삭은 삶

겨우내 땅속에서
맛 들인 김장처럼
맵고도 짠 것들이
어우러져 제맛 내듯

굴곡진
우리 인생도
곰 삭이듯 삭혀야

생채기를 보듬다

내 안에 가진 것을 버리면 얻는 것이
무얼까 고민하다 내려놓은 첫 자존심
버리고 생활해 보니 고마운 내 남편

내가 더 옳았느니 네가 더 옳았느니
별것도 아닌 걸로 핏대를 세워 가던
마음에 남은 생채기 헛웃음만 헛허허

한 발짝 물러서서 곰곰이 생각하니
그것이 뭐 그리도 대단한 것이라고
서로를 상처 주면서 살았는지 후회돼

이제는 백수 되어 하루 종일 함께하니
누군가 말 안 해도 서로서로 통하는 맘
이 좋은 가정의 평화 남은 날들 지속되길

작은 사랑

저 넓은 하늘 호수
해·달·별
담아내고

땅에는 작은 호수
송사리
담았지만

이 가슴 작은 뜨락엔
내 사랑만 가꾸려네

사랑놀이

아마도
오늘은
데이트가 있나 보다

물새가
하루 종일
꽃단장을 하더니

강물 속
물고기 만나
입맞춤이 한창이다

가마우지

강물의
주인 되어 노닐던 가마우지
한파에 꽁꽁 언 얼음판에 동그마니

겨우내
먹을 양식을 어디에서 구하나

시린 발
바꿔가며 서 있는 가마우지
외로운 어깨가 무척이나 애처롭다

한 가정
책임지고 갈 힘겨운 모습이다

새벽 3시, 광원리

코끝의
상쾌함이
온몸을 파고들어

오싹함에
옷깃 여미는
광원리 새벽 3시

머리 위
쏟아져 내리며
환호하는 별 무리들

이토록 아름다운 세상에 태어난 건
해맑은 영혼이 되는 은혜고 축복인걸
시조로 읊조려 보는 광원리의 첫 새벽

가슴 속 상처

가녀린
코스모스
발그레 웃음진 날

움켜진
마음 한 올
강물에 뿌려 주니

윤슬의
고운 움직임
바람에 일렁이네

그동안 꼭꼭 숨긴 마음속의 이야기를
하나씩 야금야금 주워 먹는 송사리 떼
옛 감정 풀어 논 덕에 후련해진 속마음

4부

한글로 하나 되기

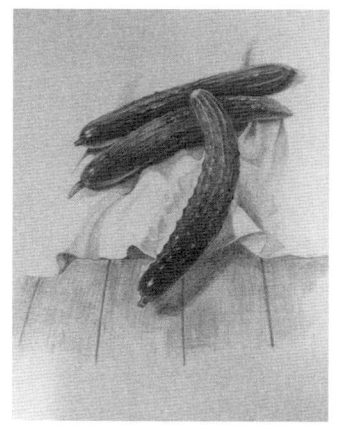

한글로 하나 되기

그 옛날 글 모르던 어리석은 백성들이
스물네 글자 조합 쉽사리 익힌 글들

이제는
세계인들도 호감 갖고 배우더니

케이 팝·드라마에 맛 들인 젊은이들
응원 봉 휘두르며 열창할 때 그 소~름

세계의
공통어 될 날
기대해도 되겠네

부럽다

한 채를 지어놓고
그 옆에 또 집 한 채
하나둘 모여들어
이루어진 아파트촌

까치도 명당 자리는 진작에 알았구나

높다란 언덕배기
공기 좋고 조용한 곳
나 또한 날개 달고
날아올라 가고픈데

아쉬운 눈길만 주고 돌아서고 말았지

새 삶의 터

북한강 남한강의 두 쿨이 어우러져
사계절 구경꺼리 만드는 두물머리

경관의 아름다움에
반하여서 거닐다가

물 좋은 한강 변에 새로운 둥지 틀어
태어난 고향 떠나 자리 잡은 덕소리는

자전거 페달 밟으며
꿈을 심는
새 삶의 터

고민

남몰래 간직해 온
가슴속 이야기를
잊은 척 외면하며
깊숙이 억눌러도
언제나
그림자처럼
따라붙는 그날 일

혼자서 애끓이며
한숨으로 보낸 세월
흐르는 강물에다
물감 풀듯 풀려 해도
껌딱지
붙어 있듯이
달라붙는 그 애물

평온한 한강 변

실바람 머문 곳에
흰 구름 몰려들면

물새가 떼를 지어
풀어 놓는 이야기에

멀리서 귀 기울이는 잔잔한 은빛 물결

낚싯배 한가로이
세월을 낚을때에

물가엔 송사리 떼
아른아른 수다 떨고

고니 떼 모여든 오후 햇살까지 느릿느릿

감자떡

땅거미 잦아들어 귀가한 엄마에게
잽싸게 받아 드는 기다림의 보따리엔
언제나 그러하듯이 퀴퀴한 떡 내음새

인상을 찡그리며 펼치는 보자기엔
막내딸 주고 싶어 남겨 온 떡 한 봉지
냄새는 고약하여도 기막힌 맛 감자떡

어릴 적 질리도록 먹었던 추억 찾아
오일장 열리는 날 풍물장 찾아가서
한 개를 맛보았지만 잃어버린 내 입맛

이 또한 지나가리라

무엇이 불만인지
한바탕 옥신각신
성이 난 고슴도치
가시를 내뿜듯이

핏대를 올려 가면서 얼굴을 붉히던 너

맞붙은 대응보다
차라리 피한 자리에
시나브로 진정된
쓸데없는 저 고집

한바탕 폭풍우치다 고요 속에 머문다

빗물 모은 연잎은

흰 구름 넘나드는
잠자리도 담아내고

귀여운 울 아가의
눈망울도 담아내고

팔짱 낀
연인들 모습
행복도 담아내고

내기 하자

여인들
손톱에다
발갛게 물들이듯

먼 산의
나뭇잎도
가지각색 물들인다

모두들
손등 모으렴
누구 손이 예쁜가

세상은 참

반나절 지나도록 빈 낚시 걸쳐 놓고
망망한 바다 위의 파도만 바라보다
인생도 저 바다처럼 굴곡이 있었음을

매서운 바람 따라 마음이 일렁일 때
수렁을 벗어나려 애쓰면 애쓸수록
점점 더 빠져들게 돼 헤어나기 어려워

가끔은

희뿌연 미세 먼지
빗물로 닦아낸 날

눈 들어 하늘 보니
맑고 고운 유리판

내 마음
묵혀 두었던
찌든 때도 닦으렴

쌈 싸 먹듯

상추에 깻잎 얹고
삼겹살에 된장 올려
입보다 더 큰 뭉치 한숨에 우겨 넣으면

이맛살 확 펴지면서 느껴지는 상추쌈

미움도 서러움도 배신감도
한데 모아
우리의 떫은 감정
주먹만한 한 쌈으로

꽁꽁 언 마음 한구석 풀었으면 좋겠네

석양

하루 해
등에 업고
저무는 감빛 노을

주변을 잠재우듯 고요가 찾아오면

나그네
지친 발걸음
붉은 강에 띄운다

폭포

뽀얗게 떨어지는
물안개 물보라에

쌍무지개 나란히
구경하러 나왔다

세찬 물 풍당거림에
물고기들 신난다

노숙자

옥수수 삶을 만큼 푹푹 찌는 무더위에
내 집을 거부한 채 길거리로 나선다
골바람 시원한 명당 찾아가는 노숙자

초대는 없었지만
만원인 소양강 댐

모기도 도망간 곳
모여든 사람들은

늘 알던
사람들 마냥
술잔을 부딪친다

호미곶 광장에서

호미곶 언저리에 우뚝 선 상생의 손
더불어 살아가라 만들어진 조각물
떠오른 일출의 향연 눈부심이 새롭다

해맞이 광장에는 새날이 떠오르고
양손이 의미하는 상생을 고대하나
현실은 그렇지 못함을 꾸짖는 저 태양

이천 년 시작의 빛 영원한 불 간직하여
천하에 제일가는 명당의 정기 받아
평안을 누리며 사는 백성으로 살게 되길

탐내지마! 까치밥이야

나뭇잎에 꼭꼭 숨어
숨바꼭질 하다가
겨울비에 낙엽 떨궈
드러난 단감 하나

무심코 지나던 길손 큰 관심 보이는데

기다란 손을 뻗어
깡충깡충 뛰어보고
두 팔에 힘을 실어
미친 듯 흔들어 봐도

높다란 나무에 붙어 꼼짝 않는 야속함

거미 흉내

'나는야 살아 있다'
방영 중인 프로그램
밧줄에 의지하여
내리뛰는 이 상황
질린 듯 맘 졸인 모습 보는 이도 안쓰럽다

생존의 일상에서
살기 위해 목숨 거는
긴 밧줄 몸에 감아
몸을 맡긴 거미 비행
우리네 인생살이랑 겹쳐지는 그 현실

5부
다람쥐를 닮다

노을

수줍고
진한 마음
너에게 전하고파

억새 숲
언저리에
모올래 숨어들어

아껴 둔
마음 한자락
온 하늘에 띄운다

다람쥐를 닮다

한 겨울 먹을 양식
어디에 두었을까
겨우내 찾으려다 못 찾은 도토리가
이듬해 새 눈을 틔운 떡갈나무 새싹처럼

오만 원 지폐 한 장
어디에 두었을까
이곳저곳 한나절을 뒤져도 없던 것이
이듬해 외투 속에서 기지개 켜고 있네

호수의 속내

아무도 모를 거야 내 마음 어떤지를
누군들 속상한 맘 억누르고 싶겠어?
마음껏 할말 다하면 조용할 날 없겠지

그러니 괜찮은 척 고요히 흐르면서
밑바닥 깊은 곳의 애끓는 심정들을
다 품고 다독이면서 어루만져 가는 거야

놀래라

새벽녘 사락사락
들리는 노크 소리

누굴까 궁금해서
내다본 창문 너머

장독대
쌓인 눈 만큼
도망치듯 숨는 봄

석양

바람 붓
햇살 찍어 그려 본 감빛 노을은

두 손 꼭 마주 잡고
미래를 약속하듯

연인들
불타는 사랑
끓어오른 용광로

예봉산

밤사이 곱게 빗어
단장한 흰 수염을
새벽녘 남실바람
사알짝 걷어 간 때

먼발치
바라보다가
반해버린 산자락

안개로 휘감아서
온몸을 치장한 너
아련한 모습들이
한 폭의 산수화네

때맞춰
수염 긴 신선
학을 타고 내린 듯

산수화

무더운 삼복더위 간신히 달래 놓고
서늘한 가을바람 부채질 부탁하니
그동안 흘린 땀방울 물안개로 씻으라며

풍성한 비누 거품 한가득 풀어 놓아
산 들 강 바다에도 꼼꼼하게 단장하니
날아든 왜가리의 날갯짓 우아함을 더하네

개똥벌레

알에서 빠져나온
귀여운 애벌레가
번데기 허물 벗고
불빛 단 성충되면
어릴 적
손뼉 치면서
불러 놀던 놀잇감

어둠을 밝혀주던
낭만은 사라지고

이제는 보기 힘든
귀해진 개똥벌레

오염된
자연환경에
원망만이 가득해

서리

밤새껏
헤매다가
찾아 든 작은 숲속

보일 듯
말 듯하며
숨바꼭질 하자더니

토라진
입술 빼물고
풀잎 위에 앉았다

첫눈 오던 날

바람도 한 점 없이 푸근한 겨울날에
살포시 내려앉은 창밖의 함박 눈꽃
손 벌려 눈 잡는 아이들 웃음꽃이 정겹다

눈살을 지그시 어린 시절 떠올리며
감미로운 음악에 차 한 모금 입에 물고
노니는 아이들처럼 한 맘 되어 뒹굴고

강아지 흥분하듯 벌렁대는 가슴은
팔짱 낀 연인처럼 거닐고 싶지마는
마음만 출렁거릴 뿐 미동도 못 할 현실

젖은 나무같이

비 내린 다음 날엔
무척이나 고요한 숲

젖은 잎
떨궈 낸 후
앙상함이 드러나는

깡마른 나무 한 그루
애처로워 보인다

찬비에 떨고 있는 꼬투라진 등줄기는
긴 세월 사는 동안 버텨 온 그루터기
자식을 떠나보내는
부모들의 쓰린 맘

민둥산 억새밭은

끝없는 능선 따라
물결치는 억새밭은

투명한 햇살 아래
온 산이 은빛 물결
해질 녘 붉은 노을에 또다시 금빛 물결

흰머리 풀어 헤쳐
유혹하며 열린 잔치

해마다 동참하는
등산객의 환호성들
사진 속 추억으로 남기는 갈바람도 신났다

먹이사슬

맑은 날 몸을 감춰 풀숲에 숨었다가
촉촉한 밤이슬이 먹고 싶은 달팽이
서서히 움직여가며 배 채우고 즐길 때

멀리서 노려보던 늦반딧불이 애벌레
발소리 들킬세라 조심조심 올라타서
독침을 쏘아대고는 안 그런 척 능청 떤다

고통에 몸부림친 달팽이 몸짓 보며
입맛을 다셔 보는 고으한 늦반딧불이
그 후론 달팽이 행방 말 안 해도 뻔한걸

6부
아가의 봄날

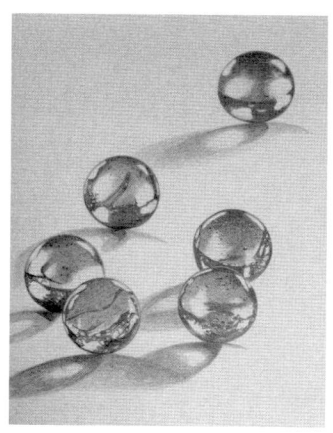

도토리 머리

거울을 비춰 가며
머리를 다듬는데

도토리 닮았다며
놀려대는 아빠 말에

다람쥐
먹이 될까 봐
울어대는 손주 놈

애기똥풀

집으로 돌아오는
길섶의 풀꽃 중에

노랗게 웃고 있는
꽃 이름 듣는 순간

손주 놈
배꼽 쥐고서
까르르르 데굴데굴

아가의 봄날

따스한
봄기운에
꽃밭에 나온 아기

꽃잎에
앉은 꿀벌
날갯 짓 윙~소리에

걸음아 나 살리라고 줄행랑을 치더니

콩다콩
놀란 가슴
엄마 품에 안겨서

가쁜 숨
몰아 쉰 뒤
조금은 진정된 듯

꽃인 줄 알았나 보다 까르르르 웃는다

선잠 깬 장미

러시아 궁전처럼 치솟은 꽃망울에
무엇을 감췄을까 색깔이 궁금한 듯

똑

따서

사알짝 까 보는

성급한 손주 녀석

유홍초

덩굴손 길게 뻗어
가져온 천상의 별

하아얀 앞니 두 개
햇살 녹인 빨간 나팔

울아가 하얀 이빨 닮아
해맑게도
웃는다

아가의 봄

촉촉히
비 내린 날
노란 우산 받쳐 들고

개나리 뒤에 숨은
노란 장화 신은 아가

노오란

아가 웃음에

터져버린 꽃망울

아가의 첫 나들이

창밖에 지저귀는
새 소리의 반가움에

겨우내 온 방 안을 무릎으로 기던 아기

물오리
뒷모습 닮아
뒤뚱뒤뚱 귀여워

눈 내리는 밤

흰 눈이 내리는 날 새벽녘 거리에는
술래만 남겨두고 꼭꼭 숨는 숨바꼭질
뽀도독 밟는 발걸음 살그머니 숨어들어

정원 속 탁자도 벤치도 숨겨 놓고
발 시려 콩콩 튀는 까치의 발걸음도
들킬까 조바심 나서 잽싸게 덮어 준다

하늘

잠자리 놀러 와서
기분 좋게 맴을 돌면

아가도 덩달아서
신나는 웃음소리

흰 구름 잠시 머물 때
하늘하늘 코스모스

봄봄봄

메마른 가지 위에
종달새 친구 모여

봄이니 깨어나라
추근대는 입맞춤에

포근한
바람을 타고
실눈 틔운 봄 뜰 녘

울 아가

살짝 열린 틈 사이로
정겨운 보름달

곤하게 잠든 아가
쓰다듬고 어루만져

밤마다
키운 정성에
달님 닮은 환한 얼굴

어린 사냥꾼

쫄쫄쫄 흐른다고 이름 지은
물길 따라
동생과 친구들과 사냥을 간다면서
기다란 잠자리채 들고 용감하게 간다네

이마에 송글송글
땀방울이 맺혀도
뱃속이 너무 곯아 밥 달라 외쳐대도
약 올린 잠자리 찾아 뒤를 쫓는 아이들

파도의 사랑법

발 행 2024년 12월 30일
지은이 원창희
펴낸곳 도서출판 태원
　　　　강원특별자치도 춘천시 서부대성로 110-2
TEL (033)255-0277　　**E-mail** tw0277@hanmail.net

ISBN 979-11-6349-139-2　03810
ⓒ원창희, 2024, korea

값 11,000원

이 책은 저작권법에 의하여 보호를 받는 저작물이므로
무단 전재와 복제를 금합니다.